Have
Yourself

Gedichte   *Pit Vogt*   A

Marry
Little
Christmas

for Mom and Dad

Idee, Design & Layout: Pit Vogt

Alle Texte sind frei erfunden

Impressum

© *2021*
Herstellung und V erlag:
BoD- Books on Demand, Norderstedt
ISBN: 978-375-57-4176-3

Weihnachtswunsch

Wenn die Weihnachtsglocken hallen
Wenn es draußen eisig ist
Wenn die Schneekristalle fallen
Wenn die Weihnachtslieder schallen
Wenn du in der Ferne bist

Werde ich so Vieles träumen
Hoffte ich
Du kämst recht bald
Wenn der Schnee liegt auf den Bäumen
Werd ich von uns beiden träumen
Und vom kalten Winterwald

Plötzlich stapft durchs Schneegestöber
Jemand durch die Weihnachtsnacht
Ach, in Stiefeln, die aus Leder
Hast du mir trotz Schneegestöber
Weihnachtswünsche wahrgemacht

Corona-Weihnachten

Schwarz sind jene Tage
Einsamkeit schlägt hart
Ständig diese Frage:
Obs noch Gutes hat?

Tod streicht um manch' Hause
Keiner, der versteht
Fern von Mann und Mause
Nur der Sturm, der fegt

Krankheit droht tagtäglich
Auf der ganzen Welt
Alles scheint jetzt schädlich
Wenig hilft da Geld

Tränen tief im Herzen
Trauer in der Seel
Ohne Licht die Kerzen
Trocken Aug' und Kehl'

Hoffnung stirbt behände
Wo ist alle Kraft
Dass ich's wiederfände
Bis ich's mal geschafft

Alles scheint nur vage
Weiß nicht, ob's was wird
Draußen zieht manch' Klage
Bis mein Lachen stirbt

Muss die Menschen finden
In der Weihnachtsnacht
Trauer überwinden
Ja, dann ist's vollbracht

Die Weihnachtsfrau

Die Tür fiel zu
Er ist jetzt fort
Er ging, er floh ganz ohne Wort
Sie hielt den Rücken ihm stets frei
Jetzt scheint dies alles einerlei

Die fremde Frau
Dies Flittchen, ach
Das gab ihm flugs ein neues Dach
Er fiel drauf rein
Und sagte kühl
Das alles hier ihm nicht gefiel

Die Einsamkeit in jenem Haus
Macht sie zur wirklich grauen Maus
Die Kinder sind längst irgendwo
Fast alles scheint nur "einfach so"

Sie fühlt sich hilflos
Krank und schlecht
Sie macht es allen immer recht
Das große Haus
Er wollt es nicht
Die Ehejahre gibt's wohl nicht

Das Regenwasser tropft herab
Und wäscht die Fensterscheiben ab
Sie schaut zum Wald gleich hinterm Haus
Sieht so die tolle Zukunft aus

Am nächsten Morgen ist es still
Kein Mann, kein Kind
Auch sonst nicht viel
Da, in der Zeitung wie ein Hohn:
Man sucht nach Weihnachtsmännern schon

Und weil mit Fünfzig sie zu alt
Für einen Job
Für Arbeit halt
Wischt sie die Tränen vom Gesicht
Und geht hinaus
Und trauert nicht

Nach frischen Schrippen sehnt sie sich
Nach Kaffeeduft
Nach Tageslicht
Nach einem Wort
Nach einem Ziel
Sie will jetzt raus
Das ist nicht viel

Schnell taucht sie ein ins Menschenmeer
In ihrem Kopf ist nichts mehr leer
Sie weiß jetzt, was sie wirklich will
Sie hat noch Würde
Kraft und Stil

Schlägt ein den Weg zum Arbeitsamt
So viele sind dort unerkannt
Sie redet viel und weiß genau:
Sie wird nun eine Weihnachtsfrau

Auch wenn sie raus aus dem Beruf
Hört sie den lauten, stummen Ruf:
Los, zeig es allen endlich, jetzt
Du bist ein Mensch
Wenngleich verletzt

In einer Garderobe dann
Zieht sie das Weihnachtskostüm an
Spürt plötzlich, dass man sie noch braucht
Es hilft nichts, wenn man untertaucht

Sie will was tun
Denn sie ist da
Fast alles scheint ihr wunderbar
Als Weihnachtsfrau am Weihnachtstag
Stellt ihr manch´ Kind so manche Frag

Ja, endlich ist sie wieder frei
Sie hat auch wieder Spaß dabei
Als Weihnachtsfrau am Weihnachtsmarkt
Hört man ihr zu
Denn sie ist stark

Am Heiligabend irgendwann
Trifft sie auf einen Weihnachtsmann
Der lebt allein mit seinem Kind
In einem Haus
Wo Kühe sind

Die beiden treffen sich nun oft
Sie spürt ihr Herz
Es klopft und klopft
Ein neues Leben sie nun hat
In ihrer Welt
In dieser Stadt

Die Weihnachtsfrau
Der Weihnachtsmann
Sind wieder glücklich, froh sodann
Wenn alles Leben stehenbleibt
Muss man hinaus
Dann ist es Zeit

Weihnacht

Weihnacht liegt in allen Gassen
Allen Straßen dieser Stadt
Weihnacht, es ist nicht zu fassen
In den Häusern und den Straßen
Das so viel von Liebe hat

Weihnacht auch in meiner Seele
Meinen Wünschen
Meinem Traum
Was ich tu
Oft nicht verstehe
Bringt doch Freude, das ich lebe
Ach, ich will nach vorne schaun

Weihnacht auf der ganzen Erde
Überall für Mensch und Tier
Dass es Ruh und Frieden werde
Ohne Angst und manch Beschwerde
Weihnacht, daran glauben wir

Weihnachtliches Sternenfunkeln
Zieht in Herz und Leben ein
Lasst uns singen, tanzen, schunkeln
Von manch Engelskindern munkeln
Lasst uns weihnachtsglücklich sein

Eine Weihnachtsgeschichte

Ein Weihnachtsabend gegen Drei
Das junge Paar sitzt unterm Baum
Ein kleines Kind ist auch dabei
Es ist an Weihnacht gegen Drei
Was für ein schöner Weihnachtstraum

Gleich gibt's Geschenke reichlich, satt
Das Kind, gespannt, ist voll von Glück
Der Weihnachtsmann kommt in die Stadt
Und bringt Geschenke, reichlich, satt
Und Papa kennt den Weihnachtstrick

Er geht hinaus und lächelt leis
Und sagt noch schnell:
„Gleich ist's soweit"
Die Spannung steigt
Dem Kind wird's heiß
Der Papa lächelt nur ganz leis
Und so vergeht die Stund
Die Zeit

Die Mutter nimmt das Kind zu sich
Und streichelt sacht ihm übers Haar
„Wo bleibt der Papa", fragt sie sich
Und nimmt das Kind ganz sacht zu sich
Der Weihnachtsmann ist noch nicht da

Der Abend geht, längst schläft das Kind
Es hat nach Papa kurz gefragt
Vorm Hause streicht ein eisig' Wind
Die Mutter bracht ins Bett das Kind
Und hofft am Fenster voller Klag

Wo bleibt der Papa, wo der Mann
Warum in dieser Weihnachtsnacht
Lang schaut im Spiegel sie sich an
Wo bleibt nur unser Weihnachtsmann
Hat der sich aus dem Staub gemacht

Am nächsten Morgen klingelts früh
Zwei Polizisten stehn vorm Haus
Sie stelln sich vor und fragen sie
Für manche Nachricht ist's zu früh
So sieht kein Weihnachtsmorgen aus

Man fand den Wagen irgendwo
Zerschellt an einer Häuserwand
Da war das Glatteis
Einfach so
In einer Straße
Irgendwo
Den Toten man erst morgens fand

Die Polizisten gehen schnell
Nach Haus, wo Weihnachtsmusik singt
An jenem Morgen wird's nicht hell
Und mancher Tod kommt eben schnell
Manch' Papa nie Geschenke bringt

Das Kind erwacht so gegen Zehn
Es fragt nach seinem Papa bald
Die Mutter bleibt im Zimmer stehn
Es ist an Weihnacht
Früh um Zehn
Und in der Wohnung ist's so kalt

Sie nimmt das Kind in ihren Arm
Und drückt es fest ans Mutterherz
„Wolln wir zum Weihnachtsmann jetzt fahrn"
Sie hält das Kind ganz fest im Arm
Und schluckt hinunter ihren Schmerz

Und alle Fragen bleiben fort
Es gibt auch keine Fragen mehr
Wo gestern noch ein schöner Ort
Bleibt aller Weihnachtszauber fort
Der Weihnachtsmann kommt nimmer mehr

Sie steigt ins Auto mit dem Kind
„Komm lass nach Papa uns jetzt schaun"
Es weht nur eisig kalt ein Wind
Sie fährt davon mit ihrem Kind
Auch draußen steht manch´ Weihnachtsbaum

Man sieht sie rasen übers Land
Es fällt der Schnee so weiß und dicht
Sie nimmt das Kind fest an die Hand
Es ist doch Weihnachten im Land
Die nächste Kurve sieht sie nicht

Dann ward es still
Kein Schnee, kein Wind
Nur einsam steht ein Weihnachtsbaum
Sie stieg ins Auto mit dem Kind
Und wollt zum Weihnachtsmann geschwind
Nur einmal noch den Weihnachtstraum

Und irgendwo zur Weihnachtszeit
Da wartet manches Kind verzückt
Auf Papa mit dem Weihnachtskleid
Am Himmel hoch zur Weihnachtszeit
Da sind drei Sterne voll von Glück

Mein Hirte

Wenn die Stürme auf dich schlagen
Wenn der Donner dich erschrickt
Werd ich Dich zum Himmel tragen
Ach, Du hast so viele Fragen
Und Du weißt nicht, ob es glückt

Wenn Du ganz allein im Leben
Wenn Dir niemand helfen will
Werd ich Kraft Dir wieder geben
Und dann wirst Du besser leben
Denn Dein Leben steht nie still

Wenn die Trauer Dich zerrüttet
Wenn durch Tränen Du nichts siehst
Wenn die Hoffnung fast verschüttet
Wenn ein Beben in Dir wütet
Wenn am Boden Du schon kniest

Dann schau auf zum weiten Himmel
Schau zu mir
Zu Deinem Herrn
Und auf einem prächtgem Schimmel
Zieh ich übern blauen Himmel
Bis ins All zu Deinem Stern

Niemals wirst allein Du bleiben
Und die Trauer weicht von Dir
Neu Dein Leben
Neue Zeiten
Auf dem Schimmel wirst Du reiten
Ich bin da
Ich warte hier

Deine Mama lässt Dich grüßen
Sie will, dass Du lachen kannst
Komm mein Sohn
Du brauchst nicht büßen
Nutz die Zeit
Den Tag, den süßen
Weil den Glaube Du jetzt fandst

Teufels Ankunft

Blicke, die dich töten werden
Kälte die das Leben schockt
Atemlos
Und Herzbeschwerden
Überall nur Tod auf Erden
Glück, Vertrauen
Längst verzockt

Schläge tief in Herz und Seele
Eis tropft auf die nackte Haut
Whiskydunst
Verbrennt manch' Kehle
Dass dies Feuer weiterschwele
Jede Nacht
Total versaut

Alles bricht in tausend Scherben
Schreie klirren durch die Nacht
Blitze zucken auf die Erden
Die sofort zu Monstern werden
Wart nur ab
Bald ist's vollbracht

Zischend stoben Funkenschwaden
Aus der Höllentiefe auf
Renn jetzt los
Du darfst nicht warten
Sonst wirst du im Hass entarten
Und der Teufel frisst dich auch

Gift trieft an den Teufelspfeilen
Treffen jeden
Der noch hier
Lass uns flugs zum Himmel reiten
Lass uns nie mehr toben
Streiten
Dann entgehn wir seiner Gier

Da, das Dunkel längst schon wabert
Fängt fast jeden
Der zu schwach
Wer noch blöd von Liebe labert
Wird von Dummheit schnell gekapert
Nein, der Teufel denkt nicht nach

Letzter Blitz
Letztes Begehren
Feuersbrunst flammt Träume fort
Schwefeldampf will uns verzehren
Hey, wir können uns noch wehren
Hey, wir sind noch hier vor Ort

Letzter Abend

Ich kenne Dich
Ich kenn Dich nicht
Das sagte er im Kerzenlicht
Und nur sein Kuss war süß
Zu süß
Er schaute trüb durchs Kerzenlicht
Er sah die Wahrheit nie
Und nicht
Und alle Träume träumten
Mies

Ich liebe Dich
Ich lieb Dich nicht
Das hauchte er im Whiskydunst
Und jedes Wort war kalt
Zu kalt
Es war, als wenn manch´ Blick
Verwischt
Wohl sah er das Reale nicht
Dort, wo manch´ böses Wort
Verhallt

Ich brauche Dich
Ich brauch Dich nicht
Das raunte er um Mitternacht
Leis stöhnte er
Und schlief schnell ein
Vorbei der Dunst
Das Kerzenlicht
Den nächsten Tag
Den gab es nicht
Und jeder blieb für sich
Allein

Erinnerungen

Erinnerungen wiegen schwer
Sie ziehen hin
Weit übers Land
Sind reich, lebendig
Traurig, leer
Ziehn mit dem Wind
Mal hin
Mal her
Mal ganz tief drin
Mal unbekannt

Erinnerung an dich und mich
An unser Leben
Wie's mal war
Sind voller Freude
Sicherlich
Sind Licht und Schatten
Ewiglich
Tief drin im Herz
So sonnenklar

Erinnerungen ziehen fort
Du bleibst allein
Doch wieder nicht
Sie wiegen schwerer als manch´ Wort
Sie ziehen mit
Von Ort
Zu Ort
Weil ohne sie
Dein Traum
Zerbricht

Blizzard

Schwer sind die Schritte
Schwer die Sinne
Ein Sturm fegt über Wies und Feld
Was ich auch immer tu und spinne
Verworren das
Was ich gewinne
Kein Sommer mehr
Der ewig hält

Ich stapf durch Schnee
Auf weißen Dünen
Am Horizont ist nichts zu sehn
Ich träum von Wiesen, ach, so grünen
Von sommerlichen summend Bienen
Und bleib doch hin und wieder stehn

Ein Echo hallt in meinen Ohren
Wer ist's, der mich hier lautstark ruft
Wohl scheint mein ganzer Kopf gefroren
Ich fühl mich schlecht und so verloren
In meiner dicken Winterkluft

Doch ist da niemand
Nur mein Schatten
Verweht vom Sturm
Schon nicht mehr da
Und hinter mir so drei, vier Ratten
Die wohl wie ich auch keinen hatten
Die mich gerufen
Ziemlich klar

So zieh ich weiter durch die Steppe
Der Blizzard ist so stark wie nie
Auf meiner Brust die Jesuskette
Und hinter mir 'ne weiße Schleppe
Es schmerzt der Kopf
Der Leib
Das Knie

Kein Haus, kein Hof, nur tiefes Schweigen
Die Macht des Sturms wirft mich zurück
So gern würd ich mir selbst was zeigen
Vielleicht mich auch vor Gott verneigen
Jedoch gibt's hier davon kein Stück

Verbotene Ängste in mir schütteln
Der Waldesrand scheint noch so weit
Wohl will der Sturm mich niederknüppeln
Vereiste Fäuste an mir rütteln
Und ich bin dumm
Und nicht gescheit

Im Schweiße jener Fieberträume
Zerbröselt alle Hoffnung schon
Da, dieser Wald
Die lila Bäume
Ich schrei, dass ich sie nicht versäume
Erreich sie nicht
Was für ein Hohn

Ich lieg im Schnee
Verweht die Spuren
Die ich gesetzt vor kurzem noch
Der Blizzard streicht wie tausend Huren
Hart über mich
Es stehn die Uhren
Ich fall und fall ins tiefste Loch

Und bin schon wieder fortgegangen
Nur immer weiter geradeaus
Ob da was Neues angefangen
Verklärtes Bild längst abgehangen
Im Schneesturm endets wie ein Graus

Am zugefrorenen Teich des Todes
Halt ich kurz an und denke nach
Verspeis den Rest des harten Brotes
Die Kälte nagt, ist gar nichts Frohes
Hält mich am Orte schwer in Schach

Doch weiter geht's
Abstrakte Reise
Der Blizzard treibt mich arg voran
Ein Klagelied
Mal laut mal leise
Ich träum von mancher Frühlingsweise
Und ziehe weiter
Halt nicht an

Verwirrte Träume drohn behände
Die Nacht bricht in den schweren Sturm
Ins Leere greifen meine Hände
Hoff, dass die Kraft ich nicht verschwände
Und gleiche einem Regenwurm

Und bin schon wieder fortgegangen
Durch Schnee und Eis
Mein Lebensweg
Für immer in manch Traum gefangen
Den Blizzard dennoch durchgestanden
Zieh hin, wo meine Sonne steht

Das Stückchen Leben

Das Stückchen zwischen Nacht und Tag
Das Bisschen zwischen Schwarz und Hell
Ein Stückchen Leben
Das man hat
Die Zeit läuft oft zu sinnlos ab
Und ist vorbei doch viel zu schnell

Das Stückchen Leben nimmt man hin
Man denkt nie lang darüber nach
Man gibt ihm viel zu wenig Sinn
Es kommt
Es bleibt
Es rinnt dahin
Dann ist es fort
Mit Weh und Ach

Dies bisschen Leben ist nicht viel
Ein Wimpernschlag
Ein Atemzug
Es ist mal ernst
Mal nur ein Spiel
Man kennt nicht Start und auch nicht Ziel
Oft bleibt ein leerer Wasserkrug

Ein Stückchen Leben ist ein Hauch
Im Universum sieht man's nicht
Doch sind's Millionen Träume auch
Milliarden Tränen
Manch ein Brauch
Ein Ozean aus Hoffnung
Licht

Dies Stückchen zwischen Jetzt und Dann
Das nennt sich Leben
Das sind wir
Als Mensch geboren
Frau und Mann
Geblieben ewig Kind sodann
Ein Augenblick
Ein Leben
Hier

Der Obdachlose

Die Sonne strahlt und wärmt die Stadt
Dort ist es, wo man alles hat
Doch hinterm Park, im Brückenschacht
Ist meistens Armut
Meistens Nacht

Er zieht seit vielen Jahren um
Er war mal was
Er ist nicht dumm
Der Alkohol wärmt Sorgen fort
Und Ängste auch
Und manches Wort

Im Wohnungsamt lehnt man ihn ab
Ein Säufer, der so gar nichts hat
Man will ihn nicht
Man schickt ihn fort
Und wieder zieht er durch den Ort

Die Straße ward zur Heimat ihm
Sein Leben aber: ohne Sinn
Einst wollt' er mal so hoch hinaus
Am Ende blieb das Hinterhaus

Seit Tagen streikt die Leber sehr
Die Freundin weint
Es ist so schwer
Er bricht zusammen irgendwo
Er kann nicht mehr
Das ist wohl so

Von seinen Träumen blieb nicht viel
Kein Platz zum Leben
Und kein Ziel
Im Winter fror er sich bald tot
Es wärmte ihn nur Schnaps
Sein Brot

Gestorben ist er irgendwann
Im Krankenhaus
Als armer Mann
Er hat gehofft, geweint, gelacht
In seinem Heim
Im Brückenschacht

Die Beisetzung war still und trüb
Nur eine blieb
Sie hat ihn lieb
Sie weinte lang am kleinen Grab
Das einsam traurig vor ihr lag

Die Sonne scheint auf diese Stadt
Scheint warm und ruhig auf sein Grab
So einsam ist´s am Brückenschacht
Der Wind ist kalt
In jeder Nacht

Der Trinker

Irgendwo in jener Stadt
Dort, wo keiner Namen hat
Lebte er wohl irgendwie
Reichtum hatte er noch nie
Lebte er so in den Tag

Eines Tages gegen 10
Blieben alle Uhren stehn
Ja, man warf ihn einfach raus
Job und Arbeit – alles aus
Plötzlich ward die Welt nicht schön

Einsam saß er nun im Dreck
Irgendwo im Straßeneck
Nur der Alkohol war da
In der kleinen Hafenbar
Soff er sich die Sorgen weg

Trank ab jetzt tagein tagaus
So sah jetzt sein Leben aus
Alles sollt im Kreis sich drehn
Er konnt selbst sich nicht verstehn
Alkohol – *sein bester Schmaus*

Und die Sucht hielt ihn ganz fest
Er versoff den letzten Rest
Immer öfter fiel er um
Aller Traum blieb tot und stumm
Weil die Sucht nichts leben lässt

Irgendwann im Krankenhaus
Kam er aus dem Suff mal raus
Für sechs Wochen trocken, clean
Für sechs Wochen wieder Sinn
Wieder Mensch und keine Maus

Ja, er schwor sich klipp und klar:
Nie mehr saufen, wie's mal war!
Wieder Arbeit, Lebenssinn!
Doch der Wunsch schien schnell dahin
Und es nahte die Gefahr

Ach, er trank so viel, so viel
Ohne Halt und ohne Ziel
Bis sein Traum total zerbrach
Aus die Heimat, Haus und Dach
Und der Regen fiel und fiel

Irgendwann sah er ein Licht
Hörte, wie man zu ihm spricht:
Fürchte dich nicht, komm nur, komm
Ich bin hier und warte schon
Und er fürchtete sich nicht

Warf die Flasche weit von sich
Spürte Kraft im Angesicht
Lief und lief und war schon fort
Einsam blieb sein Heimat-Ort
Nein, die Sucht vergab ihm nicht

Irgendwo in jener Stadt
Dort, wo niemand Namen hat
Hat gelebt er irgendwann
Nein, er war kein reicher Mann
Und vom Baum fällt leis ein Blatt

Ein Stückchen Hoffnung

Es war am Rand der großen Stadt
Da lebte er mit sich allein
Dort, wo die Welt nichts Warmes hat
Hat er gelebt, allein, nicht satt
Er wollt es nicht
Es musste sein

So manchen Joint am Morgen schon
Den er gefunden irgendwo
Er triebs mit manchem Hurensohn
Für wenig Geld
Was macht das schon
Ein Stückchen Leben
Oder so

An einem Tag, der anders schien
Fand er den Mann
Der ihm gefiel
Er zog mit ihm mal her,
Mal hin
Es machte alles einen Sinn
Vielleicht war das sein neues Ziel

Der fremde Kerl hat ihn gemocht
Er fand ihn lustig sicherlich
Er hatte ihm mal was gekocht
Dort, wo der Specht ins Holze pocht
Da sagte er: "Ich liebe dich"

In seinen Armen träumte er
Von manchem Glück
Vom fernen Land
Mit diesem Mann ans blaue Meer
Ein Stückchen Leben, das nicht leer
Ein bisschen nur die fremde Hand

Doch irgendwann als Regen fiel
War jener Fremde plötzlich fort
Und wieder neu
Das alte Spiel
So arm und einsam, ohne Ziel
An einem kalten, stillen Ort

Ein Stückchen Hoffnung war da noch
Er dachte an den Fremden oft
Das hielt ihn fern
Von manchem Loch
Das schmolz dahin ganz sacht jedoch
Manch' Träne aus den Augen tropft

Bald zog er weiter seinen Weg
Am Rand der Stadt mit seinem Joint
So Vieles schien vom Wind verweht
Sein Leben wohl total verdreht
Auf keiner Suche nach 'nem Freund

Ein Husten quälte plötzlich stark
Das Blut lief ihm aus Nas' und Mund
Der Hölle nah an Nacht und Tag
Er hielt sich noch
Hat nicht geklagt
Sein Leib so krank
Die Seele wund

Halbtot und schwer
Fast wie ein Stein
Versank er unterm Blätterdach
Am Rand der Stadt
So sollt es sein
Nur er, sein Traum, der Mondenschein
Noch nie war er so hell und wach

Es war am Rand der kalten Stadt
Als er die Augen leise schloss
Dort wo der Wald noch Träume hat
Verschwand er still
Vom Leben matt
Ein Stückchen Hoffnung
Gar nicht groß

Letzte Stunde

Nur noch dieses eine Mal
Will den Spiegel sie nicht missen
Nur noch diese letzte Qual
Nein, sie hatte keine Wahl
Musste sie fürs Leben büßen

Nur noch diese letzte Stund
Nur noch einmal richtig feiern
Ihre Seele:
Tot und wund
In der Ecke jault ein Hund
Ihre Zeit scheint hart und bleiern

Nur noch diesen einen Sekt
Auf die Liebe
Auf das Leben
Wenn das Herz die Sehnsucht weckt
Scheint manch´ Segen wie geleckt
Will die Kraft dir alles geben

Doch sie wankt halbnackt zum Klo
Ihr ist schlecht
Ihr ist zum Kotzen
Nachts will schlafen sie im Stroh
Wieder träumen sowieso
Doch ihr ist nach Schreien,
Motzen

Zittern schlägt durch ihren Leib
Atemnot friert zu die Lungen
Sonst ist sie ein Rasseweib
Mit ´nem Super-Sexy-Leib
Doch jetzt bleiben ihr nur Stunden

Wie wird's sein im kalten Tod
Wie wird sein dies lange Sterben
Wird es weiß
Wird's höllenrot
Gibt's dort endlich Himmelsbrot
Nein, sie hat nichts zum Vererben

Wald, Feld, Stadt noch einmal spürn
Nochmal durch die Läden ziehen
Nachts sich selbst nochmal verführn
Sich im „Irgendwo" verliern
Vor Gespenstern ängstlich fliehen

Und sie steigt hinauf die Leiter
Hoch aufs Dach der großen Welt
Nein, dort oben geht's nicht weiter
Heut ist's sonnig
Heut ist's heiter
Dort braucht sie nicht Ruhm,
Nicht Geld

Langsam schließt sie Aug und Mund
Lässt sich leicht und samtig fallen
Wohl ist's ihre letzte Stund
Jetzt ward ihre Welt kreisrund
Jetzt zeigt sie es wirklich allen

Kurz danach ist es vorbei
Sie ist weg,
Weit fortgeflogen
Nur noch Schweigen – einerlei
Alle Träume – längst vorbei
Und das Dach ist zugefroren

Mondwind

Um mich weht ein leiser Wind
Er ist schwach
Ich spür ihn kaum
Dort, wo Sagen, Märchen sind
Weht ein lauer schwacher Wind
Doch hier ist kein Blatt, kein Baum

Leicht verfängt sich Staub auf mir
Ich schau hin
Und lass es zu
War gerad ein Lüftchen hier
Ist's nun still, liegt Staub auf mir
Und verharrt in ewger Ruh

Da schließ ich die Augen sacht
Denk an nichts
Und warte nur
Staub hat mir ein Wind gebracht
Es ist Tag
Doch es ist Nacht
Und es fehlt mir jede Uhr

Wie ein Geist schweb ich dahin
Hier ist alles leicht
So leicht
Nach der Erde sinnt mein Sinn
Und ich drifte leis dahin
Und mein Atem atmet seicht

Tief in mir ich Leben spür
Es ist kraftvoll
Reich an Lust
Ach, und Mondstaub lag auf mir
Fliegt davon
Ist nicht mehr hier
Und mein Herz pulst meine Brust

Langsam sinkt mein Leib hinab
Dorthin, wo die Träume sind
Dorthin, wo ich Hoffnung hab
Und mein Trugbild klart apart:
Auf dem Mond ist niemals Wind

Späte Heimkehr

Es steht ein Haus am Waldesrande
Und es fällt Schnee so weiß und sacht
Gar friedlich liegt dies deutsche Lande
Gar friedlich ist der Tag, die Nacht

Ihr Name ist Frau Martha Krause
Ihr Mann, der Kurt, zog in den Krieg
Nie kam er von der Front nach Hause
Und Martha hofft lang auf den Sieg

So viele Jahre sind vergangen
Der Krieg, das Sterben
Alles aus
Sie hat mit Kurt sich gut verstanden
Vor vielen Jahrn in diesem Haus

Sie steht am Fenster, schaut zum Walde
Ob Kurt den Weg zum Haus noch find'
Er wird wohl kommen, ziemlich balde
Und in den Bäumen spielt der Wind

Der Schnee türmt auf sich um das Häuschen
Und Martha wird es ziemlich flau
Vorm Ofen piepst ein kleines Mäuschen
Und draußen wird es kalt und grau

Da stapft durchs wüste Schneegestöber
Ein junger Mann bis vor das Haus
In Uniform und Stiefelleder
Schaut er wie ein Soldat wohl aus

Er starrt zum Fenster und zu Martha
Die schiebt leis die Gardine fort
Sie hat wohl Tränen unterm Haar da
Und beide sprechen nicht ein Wort

Sie nimmt die Feldpostbriefe an sich
Die von der Front ihr Kurt einst schrieb
Und fühlt sich leicht und gar nicht grantig
Und hat den Kurt noch immer lieb

Sie geht hinaus zu jenem Manne
Der küsst sie sacht auf ihre Stirn
Der Schneesturm tobt durchs deutsche Lande
Und kann doch gar nichts mehr zerstörn

Die beiden stapfen bis zum Walde
Und Schnee hüllt sie wien Schleier ein
Kurt war gekommen, ziemlich balde
Und beide wollen endlich heim

Es wacht ein Haus am Waldesrande
Und es fällt Schnee so weich und sacht
Und friedlich ists im deutschen Lande
Und Martha hat sich aufgemacht

Die Herde

Und die Herde, die zieht weiter
Starker Sturm verweht die Spur
Dieser Winter ist nicht heiter
Und die Herde zieht schon weiter
Schreie halln durch Wald und Flur

Manches Kälbchen friert, ist müde
Bleibt vielleicht schon bald zurück
Es ist kalt und es ist trübe
Doch die Herde wird nicht müde
Kämpft voran sich Stück um Stück

Wölfe harren da am Rande
Haben Hunger immerfort
Doch der Herde wird's nicht bange
Sieht die Wölfe da am Rande
Und zieht immer weiter fort

Doch der Sturm wird immer stärker
Schon bleibt manches Kalb zurück
Auch die Wölfe machen Ärger
Und der Schneesturm wird noch stärker
Bis zum See ists noch ein Stück

Nein, die Wölfe wolln nicht jagen
Nehmen schwache Kälbchen sich
Es ist hart in diesen Tagen
Sehr viel Kraft fehlt da zum Jagen
Winterzeit ist fürchterlich

Doch die Herde zieht schon weiter
Nichts hält sie an einem Ort
Ausgemergelt ihre Leiber
Und die Tiere ziehen weiter
Und sind längst schon wieder fort

Durch den Sturm und durch die Lande
Führt ihr Weg von See zu See
Mancher Wolf wacht da am Rande
Tod, Verderben auch im Sande
Und manch Spur verwischt im Schnee

Gesicht

Im Nebel sah ich ein Gesicht
Es sah mich an
Schwieg ohne List
Sah seine Augen auch, mehr nicht
Dort nah am Wald
Wo's einsam ist

Es lächelte und ging vorbei
War schon vorüber
Irgendwann
Die Zeit davor schien einerlei
Nur Regen fiel ins Gras sodann

Ich suchte es
Doch es blieb fort
Ein Sturm verwehte Baum, Strauch,
Mich
An jenem märchenhaften Ort
Bliebs eine Täuschung sicherlich

Der Nebel wabert übers Feld
Er macht Gesichter
So und so
Ob Sehnsucht ihn zusammenhält
Scheint traurig er
Vielleicht auch froh

Nur Nebel formte ein Gesicht
Und nahm es fort
Oft denk ich dran
Viel später dann jenseits vom Licht
Fiel Regen sanft ins Gras
Sodann

Weihnachtsgedanke

Irgendwo auf dieser Welten
Wartest du aufs große Glück
Ja, du weißt
Du willst was gelten
Niemand darf dich rügen
Schelten
Und du kriechst dahin
Manch' Stück

Längst bist du vorbei
Vergessen
Weil dich niemand kennen will
Wolltest gern vom Kuchen fressen
Wolltest dich mit jedem messen
Doch in deinem Herz bliebs still

Einsamkeit zerfrisst und wabert
Durch dein Hirn
Durch Mark und Bein
Wo die letzte Hoffnung hadert
Bleibt nur Kälte
Die dir schadet
Längst willst du ganz anders sein

Doch dein Leben klebt wie Kotze
Geht nicht vor und nicht zurück
Lügen fallen aus der Glotze
Deine Nase strotzt von Rotze
Nur im Traum lebt noch dein Glück

In Gedanken killst du jeden
Der dir mal zu nahe kommt
Du willst fliehen
Bis nach Schweden
Nie mehr auf der Stelle treten
Doch du hast es nicht gekonnt

Und die andern grinsen zynisch
Ziehen stumm an dir vorbei
Du weißt längst
Das ist nicht rühmlich
Fühlst dich krank und tot
Und dümmlich
Und dein Hirn zerkocht wie Brei

Schwer dein Kopf, dein Leib
Die Seele
Jeder Tag ward zum Schafott
Schnaps und Tränen schnürn die Kehle
Dass dich niemals mehr was quäle
Wo kein Leben
Da nicht Gott

Ach, dein Ziel verschwimmt im Regen
Gibst du auf
Dann ist es fort
Doch wie willst du noch was geben
Doch woher kommt noch ein Segen
Wenn dir fehlt ein rechtes Wort

Lass die Hoffnung dir nicht klauen
Jag die Dummheit weg von dir
Du musst stets nach vorne schauen
Kannst vielleicht was Großes bauen
Immer noch ist Glaube hier

Kämpfst dich dann aus aller Scheiße
Irgendwann
Geht's steil bergauf
Und die Kraft schlägt laut
Nicht leise
Und dein Hirn kennt jene Weise
Und du stehst erneuert auf

Weihnachten an Ausfahrt 177

Das Schneetreiben nahm einfach kein Ende mehr. Immer dichter verwehte der immer stärker werdende Sturm die riesigen Flocken und Susan musste das Scheinwerferlicht ihres Wagens abblenden, um überhaupt noch etwas zu erkennen. Mit aller Macht krachten die Sturmböen in ihr Fahrzeug und es schien beinahe unmöglich weiterzufahren. Sonderbarerweise schien sie plötzlich ganz allein auf der Autobahn zu sein. Allerdings verwehrte der tosende Blizzard ohnehin, dass sie die Scheinwerfer anderer Fahrzeige wahrnehmen konnte. Längst fuhr sie nur noch Schritttempo, und da bemerkte sie es, dieses etwas windschiefe Schild, welches auf die „Ausfahrt 177" hinwies.

„*Da muss ich mal raus!*", rief sie laut und ihre Entscheidung schien goldrichtig zu sein. Denn plötzlich krachte ein riesiger Baumstamm mitten auf die Fahrbahn und versperrte den Weg. Susan aber fuhr die „Ausfahrt 177" von der Autobahn ab. Die Straße allerdings wurde schmaler und schmaler und mündete schließlich in einen unbefestigten Weg. Der führte geradewegs in ein dichtes Waldstück. Dort ging es nicht mehr weiter und Susan nahm an, dass es sich um einen kleinen Waldparkplatz handelte. Nur war sie ganz alleine dort.

„*Nicht einmal den Schnee hat einer weggeräumt!*", murrte sie in sich hinein.

Als sie den Motor des Wagens ausgeschaltet hatte, vernahm sie das Donnern und Tosen des Sturmes, der sich in den zahllosen Tannen verfing und die Schneewolken wie eine riesige Herde vor sich hertrieb. Susan hustete und dachte an ihre Eltern. Eigentlich war sie auf dem Weg zu ihnen und wollte unbedingt abends, zum *Heiligen Abend*, dort sein. Aber nun? Es war so dunkel, dass sie glaubte, es sei schon tiefste Nacht. Nervös kramte sie ihr Handy aus der Tasche. Doch es war wie verhext, an diesem verlassenen

Ort gab es einfach kein Netz. Aussteigen wollte sie nicht, denn der Sturm war einfach zu stark. So kippte sie die Lehne ihres Sitzes nach hinten, legte sich gemütlich in das entstandene bettähnliche Gebilde und schloss ihre Augen.

Zur gleichen Zeit war auch Familie Miller, Ron, Lena und der kleine Tim, auf dem Weg nach Hause. Und auch sie benutzten jene Autobahn, auf welcher schon Susan gefahren war. Auch sie wunderten sich, dass sie plötzlich ganz allein unterwegs waren. Schließlich fanden sie die winzige „Ausfahrt 177", welche auch Susan genommen hatte, um den Blizzard abzuwarten. Familienvater Ron schimpfte und Lena, seine Frau, versuchte, den Frieden wiederherzustellen.

„Dann schaffen wir es eben nicht!", zischte sie, *„Den Weihnachtsbaum können wir morgen immer noch aufstellen!"*

Langsam glitt der Wagen unter den mit Schnee bedeckten Tannen entlang und erreichte den winzigen Parkplatz, wo auch Susan stand. *„Schaut mal"*, rief Tim, der kleine Sohn der Familie, laut, *„dort steht noch ein Auto!"*

Ron hatte es ebenfalls bemerkt und hielt den Wagen an. Lena musste kichern und sagte mit bebender Stimme: *„Das sich hierher noch jemand verirrt hat, unfassbar."*

Die kleine Familie starrte aus dem Wagen in das wilde Schneegestöber und hatte das Weihnachtsfest, den *Heiligen Abend*, längst abgeschrieben.

Plötzlich ließ der Sturm nach und Ron wollte den Wagen wieder starten. Doch aus irgendeinem Grund funktionierte etwas nicht.

„Auch das noch!", rief er entnervt und stieg aus. Auch Susan hatte wohl mitbekommen, dass der Sturm vorüber war und wollte abfahren. Und auch ihr Wagen streikte. Immer wieder versuchte sie es und starrte dabei genervt zu dem anderen Wagen, dem es ebenso erging. Ron zuckte hilflos mit den Schultern und lehnte sich kopfschüttelnd an seinen Wagen. Nun stiegen auch der kleine Tim und seine Mama Lena aus und sprangen vergnügt durch den Schnee. Die beiden schien es gar nicht zu stören, dass sie an diesem merkwürdigen verlassenen Orte festsaßen. Im Gegenteil, sie freuten sich und trällerten ein Weihnachtslied nach dem

anderen. Susan stieg ebenfalls aus ihrem Auto und rief: *„Es hat wohl wenig Sinn, in den Motorraum zu sehen! Oder haben Sie Ahnung?"* Damit schaute sie zu Ron, der immer wieder mit den Schultern zuckte.

„Wissen Sie was", rief Lena, *„wir haben einen Weihnachtsbaum dabei. Den haben wir eigentlich für heute Abend besorgt, es war der letzte, ein bisschen schief zwar, aber egal. Wollen wir ihn hier aufstellen?"*

Tim rief laut: *„Ja, das wär wirklich schön"*, und Susan nickte, während sie sich die kalten Hände rieb.

„Ich habe Streichhölzer dabei, und wenn wir ein bisschen Reisig sammeln, das halbwegs trocken ist, könnten wir uns ja ein Lagerfeuer machen."

Susan fand diese Idee großartig und holte die Flasche Sekt, die eigentlich für ihre Eltern bestimmt war, aus dem Wagen.

„Und die trinken wir dazu!", rief sie laut.

„Schade, dass wir nichts zu essen dabeihaben", meinte Ron. Und während die anderen nach trockenem Reisig suchten, holte Susan die Becher ihres Saftservice aus dem Wagen.

„Das war eigentlich ein Geschenk für meine Eltern, für den Sommer, wenn sie im Garten ihres kleinen Häuschens sitzen. Komisch, nun muss es ausgerechnet im Winter ausprobiert werden!"

Lena und Ron mussten kichern und Tim sprang immer wieder durch den meterhohen Schnee, um sich in besonders hohe Haufen einfach fallen zu lassen. Es dauerte nicht lange, da hatten sie eine Menge Holz gesammelt und Ron versuchte, das Lagerfeuer zu entfachen. Doch so sehr er sich auch mühte, das Feuer wollte nicht entstehen.

Plötzlich knackte es laut. Die Vier zuckten zusammen!

„Haben Sie das gehört? Was war das?", rief Lena.

„Ist vielleicht ein Bär oder ein noch wilderes Tier!", entgegnete Susan und musste lachen. Den anderen Dreien aber war es nicht nach lustig sein. Sie verzogen sich in ihren Wagen und schauten von dort ängstlich in die Dunkelheit. Plötzlich bohrten sich zwei Scheinwerferkegel in die Nacht und ein drittes Fahrzeug rollte heran. Es war ein winziges altes Auto, welches klapperte und quietschte. Es schien wohl

ebenfalls nicht mehr weiterfahren zu wollen und hielt schließlich neben den anderen beiden Autos an. Kaum war der Motor aus, sprang ein junger Mann aus dem Wagen. Der stöhnte laut und rief aus voller Kehle: *„Was für ein blöder Abend! Das hatte gerade noch gefehlt!"* Nun kamen auch die anderen aus ihren Autos und gesellten sich zu dem Neuankömmling.

„Ist die Autobahn immer noch dicht?", erkundigte sich Ron und der junge Mann, der sich unbedingt John ansprechen lassen wollte, meinte, dass er einfach nur eine Pause machen wollte.

„Sagen Sie mal … John … haben Sie getrunken?", wollte Susan von dem unbekümmerten, ziemlich kecken Mann wissen. Der vermeintliche John pfiff sich ein Weihnachtsliedchen und rief: *„Ein wenig, aber was soll's! Es geht sowieso nicht mehr weiter! Ich bin eben rausgeflogen und kann jetzt tun und lassen, was ich will!"*

Ron und Lena verzogen ihr Gesicht, nur Susan schien das nicht zu stören. Sie fand den frechen Jüngling möglicherweise recht nett und lächelte ihn verlegen an. Als John bemerkte, dass Ron das Reisig nicht anzünden konnte, kramte er aus dem Kofferraum seines Autos mehrere Einmalgrills hervor.

„Damit dürfte es wohl gehen! Zufällig habe ich in einer solchen Fabrik gearbeitet, die so was herstellt. Habe einige heimlich beiseitegeschafft und die können wir nehmen!"

Ron und Lena fanden das zwar nett, doch über die Art und Weise, wie John zu den Einmalgrills gekommen war, rümpften sie nur die Nase. Als dann aber das Lagerfeuer knisterte und einen angenehmen, warmen Feuerschein verbreitete, schien es egal zu sein, woher die Grills gekommen waren. Sie waren da und das war einfach gut so. John hatte ein paar leere Bierkästen im Wagen und die holte er und stellte sie um das Feuer herum. Währenddessen brachte Ron den Weihnachtsbaum. Er steckte ihn in den tiefen Schnee gleich neben dem Feuer und Lena band noch ein paar Zellstofftaschentücher an dessen Äste, damit sie nicht so kahl aussahen. Etwas Anderes hatten sie ja nicht und dann setzten sie sich auf die Bierkästen und wärmten sich am Feuer die Hände. Susan rutschte immer näher an John heran, und der holte sein Pausenbrot, welches er an diesem Tag ja nicht mehr gebraucht hatte, um es mit den anderen zu teilen. Für jeden war ein belegtes Brot da und es schmeckte wirklich gut. Währenddessen öffnete Lena die Sektflasche. Genüsslich goss die jedem etwas in die Plastik-Saftbecher ein. Dann erhob sie ihren Becher und wollte etwas sagen, da knirschte es plötzlich. Es hörte sich an, als wenn etwas durch den Schnee stapfte. Ron, der schon glaubte, ein Wolf wäre im Anmarsch, zog einen brennenden Ast aus dem Feuer und zischte: *„Bleibt wo ihr seid, ich versuche, das wilde Tier mit dem Feuer zu vertreiben."*

Es dauerte eine ganze Weile, ehe sich das vermeintliche Wildtier zeigte. Allerdings war es kein wildes Tier, sondern ein Mensch. Es war ein alter Mann, der irgendwie aussah wie der Weihnachtsmann. Zwar trug er keinen langen roten Mantel, sondern einen alten braunen, der obendrein auch noch kleine Löcher hatte. Und sein Bart war auch nicht weiß, sondern zerzaust und grau. Immerhin, einen Rucksack, wenngleich einen sehr ausgeleierten, hatte er auf dem Rücken.

Als er die Fünf an ihrem Lagerfeuer und dem danebenstehenden Weihnachtsbaume sitzen sah, blieb er stehen und räusperte sich laut. Keiner traute sich, etwas zu sagen und Ron warf schnell den brennenden Ast ins Feuer zurück, bevor er sich auf seine Kiste fallen ließ. Neugierig schaute sich der Alte um und räusperte sich erneut. Aber dann nahm er seinen Rucksack vom Rücken und ließ ihn in den Schnee plumpsen.

„Na", begann er zu sprechen, *„da war wohl der Winter schneller, als ihr gucken konntet, wie?"*

Und als er das sagte, schaute er sich den Weihnachtsbaum genauer an, welcher vom knisternden Lagerfeuer geheimnisvoll angeleuchtet wurde.

John fasste sich als erster und sagte: *„Ja, so kann man das wohl sagen! Auf der Autobahn geht's ja nicht mehr weiter. Aber irgendwie ist's wie im richtigen Leben."*

Der Alte schaute John mit ernster Miene an und meinte schließlich: *„Manchmal sind unsere Wege einfach versperrt und wir müssen stehenbleiben. Dann müssen wir eben die nächste Ausfahrt nehmen, um nachzudenken, was wir tun können, stimmt's?"* Abwartend schaute er in die Runde und Susan hatte Tränen in ihren Augen. So gern wäre sie jetzt bei ihren Eltern, wäre bei ihrer Mutter und würde sie umarmen, wie auch ihren achtzigjährigen Dad. Der Alte schritt etwas näher an die mit den Tränen ringende junge Frau heran und nickte ihr aufmunternd zu, während er dabei seine Augen schloss.

„Keine Sorge, es geht ihnen gut. Sie sind wohlauf und warten auf dich."

Susan wollte etwas sagen, doch der Alte öffnete seine Augen und meinte dann: *„Fürchte dich nicht. Ich kann mir schon denken, dass du dich sehr um sie sorgst. Aber wenn ich dir sage, dass sie wohlauf sind, kannst du mir das glauben. Es wird alles gut."*

Lena musste sich nun ebenfalls die Tränen aus dem Gesicht wischen und hielt die Hand ihres Mannes ganz fest. Mit der anderen zog sie ihren kleinen Sohn fest an sich heran und ließ ihn nicht mehr los. Auch zu den Dreien stapfte der Alte und hatte wohl bemerkt, wie sehr Lena bemüht war, die Familie zusammen zu halten.

„Es ist doch nicht schlimm, Weihnachten mal nicht daheim zu feiern.", meinte er dann.

„So viele Menschen können das nicht. Ist es denn so wichtig, jeden Heiligen Abend im schicken Heim zu verbringen? Reichen dafür nicht auch ein verschneiter Tannenwald und ein Lagerfeuer mittendrin? Schaut, ihr habt ein solch schönes Lagerfeuer gemacht und den Baum so wunderbar aufgestellt, besser geht's doch wirklich nicht. Ach so, noch was, egal, wo ihr auch immer seid, ihr seid zusammen. Das ist es, was zählt, Zusammensein! Und das ist doch ganz einfach und gar nicht schwer."

Als er Susan weinen sah, musste er ein wenig grinsen. Und als er so zu ihr stapfte, um sie sich genauer zu betrachten, sagte er: *„Und du solltest nicht ewig so allein durchs Leben gehen. Sieh mal, gar nicht weit von dir entfernt ist jemand, der* *heute ein liebes Wort gebrauchen kann. Denn er hat etwas verloren, das ihm sehr wichtig war."*

Bei diesen Worten schaute er kurz zu John, der das alles sehr gut zu verstehen schien. Er lächelte Susan an und die trank ihren Becher in einem Zuge leer. Schließlich wischte sie sich die Tränen aus den Augen und schob verlegen ihre Bierkiste neben Johns. Der zögerte gar nicht lang und nahm die junge hübsche Frau beherzt in seine Arme. Irgendwie schienen sie sich wohl gefunden zu haben, jedenfalls nickte der Alte wieder so seltsam, als er auf den Weihnachtsbaum zu stapfte. Unterwegs blieb er noch bei dem kleinen Tim stehen und strich ihm sachte über seine bunte Bommel-Mütze.

„Du musst mir versprechen, besser in der Schule zu lernen, sonst wird's nichts mit dem Berufswunsch Feuerwehrmann!"

Tim war wie erstarrt, hatte er doch nie gedacht, dass dieser alte Mann etwas von seinen Zensuren und schon gar nicht von seinem Traum von einem Feuerwehrauto wusste. Er wurde puterrot und schämte sich ein wenig. Doch der Alte ließ sich nicht beirren und sagte nur: *„Ach, nimm es nicht so schwer! Das schaffst du schon. Immerhin hast du heute den Weihnachtsmann gesehen. Wenn das nichts ist!"*

Er öffnete seinen Rucksack und holte einige bunt eingewickelte Dinge hervor.

„Hier, das ist für euch, und ich bin mir sicher, dass jeder sofort weiß, welches Geschenk für ihn ist. Ich muss nun weiter. Euch wünsche ich alles Glück dieser Welt und vergesst niemals diesen wundervollen Abend. Denn es ist euer Heiliger Abend. Gottes Segen und ahoi!"

Mit diesen Worten schnallte er sich den alten Jute-Rucksack wieder auf den Rücken und verschwand alsbald zwischen dem Geäst der Sträucher und der düsteren Tannen.

Ron schaute nachdenklich zum lodernden Feuer und bemerkte, dass da noch der Wanderstock des Alten lag. Schnell sprang er auf, griff sich den Stock und rannte dem Alten hinterher, um ihm den Stock zu bringen. Doch so sehr er sich auch umschaute, den alten Mann konnte er nirgends mehr entdecken. So nahm er den Stock an sich und ging zurück. Die übrigen Vier saßen noch immer schweigend um den Weihnachtsbaum und das Lagerfeuer herum und wussten nicht, wie ihnen geschah. Dann aber rief John: *„Na los, lasst uns die Geschenke öffnen! So schnell finden wir ganz sicher keine mehr heute Abend!"* Und so erhoben sich alle und nahmen sich je ein Päckchen. Merkwürdigerweise trugen alle Geschenke kleine Etiketten, auf denen ihre Namen verzeichnet waren. Schnell waren sie ausgepackt, wobei sich der kleine Tim besonders beeilte. Als alle ihre Päckchen geöffnet hatten staunten sie. John und Susan hatten je eine Reise in eine idyllisch gelegene Baude im Gebirge geschenkt bekommen. Und es war klar, dass sie diese Reise zusammen machen wollten. Lena wunderte sich, denn diesmal hatte sie kein Küchengerät bekommen, so wie sonst. Nein, es war etwas, dass sie sich schon lange gewünscht hatte: *ein Urlaub in einer winzigen Fischerhütte am Meer.*

Und auch Ron fand diesen Urlaubscheck in seinem Präsentkarton. Ja, und der kleine Tim bekam ein blinkendes, feuerrotes Feuerwehrauto, ein ferngelenktes, denn das wünschte er sich am allermeisten. Seine kleinen braunen Augen leuchteten und alle sahen, wie glücklich er war.

Noch sehr lange saßen die Fünf am Lagerfeuer und der *Heilige Abend* verging. Schließlich wurden sie müde und wollten nur noch eines: *nach Hause!*

Als schließlich auch das Lagerfeuer verlöschte, räumten sie alles in die Fahrzeuge, verabschiedeten sie sich voneinander und tauschten noch ihre Adressen aus. Zufrieden setzten sie sich in ihre Autos, und es war ganz merkwürdig, denn die Fahrzeuge ließen sich sofort starten. Langsam fuhren sie durch den tief verschneiten Winterwald zur Autobahn zurück. Und auch hier wunderten sie sich, denn es waren viele Fahrzeuge unterwegs.

„Ach, das war wirklich ein wunderschöner Heiliger Abend.", stöhnte Lena und Ron nickte ihr zustimmend zu. Währenddessen schlief der kleine Tim auf dem Rücksitz und hielt dabei seine neue feuerrote Feuerwehr ganz fest in seinen Händen. Susan und John fuhren hintereinander her und hatten nur ein einziges Ziel: die Liebe. Nie hätte Susan ge-

dacht, auf eine solch merkwürdige Weise jemanden kennenzulernen. John fühlte sich ebenso und ihm war leicht, so leicht wie schon lange nicht mehr. Er wusste, dass er mit dieser fabelhaften Frau, mit Susan, alles schaffen könnte. Das gab ihm die nötige Kraft zum Weitermachen und für einen Neuanfang. Und dieses vermeintliche Wunder hatte ihm dieser sonderbare *Heilige Abend* gebracht.

Als Susan schließlich daheim bei ihren Eltern eintraf, kam sie diesmal nicht allein. Sie brachte einen netten, gutaussehenden jungen Mann mit, John.

Tim, der daheim wieder zu ganz neuem Leben erwachte, weil er nicht mehr müde sein wollte, setzte sich gleich an seinen Laptop. Er wollte unbedingt die Stelle heraussuchen, wo die Ausfahrt war, an welcher sie diesen merkwürdigen *Heiligen Abend* erlebt hatten. Doch als er auf der Karte nachschaute, gab es da weder eine solche Ausfahrt noch einen dichten Tannenwald. Nichts dergleichen war da zu sehen.

Als er den Laptop traurig wieder zuklappte, strich ihm seine Mama übers Haar und meinte: *„Ist es nicht egal, ob es diese Ausfahrt gibt oder nicht? Schau, wir waren alle zusammen und haben sogar ganz liebe neue Freunde kennengelernt. Und du mein Sohn, du hast den Weihnachtsmann gesehen. Das ist doch wirklich toll!"*

Tim sah das natürlich ein und er holte seine feuerrote Feuerwehr und ließ sie quer durchs Zimmer fahren. Und dabei war ihm, als wenn eine wohlbekannte Stimme raunte: *„War das nicht ein toller Heiliger Abend? Immerhin hast du heute den Weihnachtsmann gesehen. Das ist doch auch etwas. Frohe Weihnachten Tim und nicht vergessen: Das Wichtigste ist, dass man zusammen ist und am Heiligen Abend nicht allein bleiben muss, egal, wo man gerade ist."*

Weihnachtsmärchen

arah und Silva waren Zwillingsschwestern und gerade mal 12 Jahre alt. Sie taten fast alles gemeinsam. Eines Tages gingen die beiden in den nahen Wald, um zu spielen. Es lag Schnee und es war der Tag vor Weihnachten. Die Sonne schien den ganzen Nachmittag über. Doch am Abend, am Heiligen Abend begann ein heftiges Schneetreiben. Über dem Spielen hatte die beiden wohl die Zeit vergessen. Sie liefen und liefen und gelangten immer tiefer in den Wald. Hinter ihnen verwischte der immer stärker werdende Sturm ihre Spuren im Schnee. Irgendwann wurde es schließlich dunkel. Doch die beiden fanden den Weg nach Hause nicht mehr. So sehr sie sich auch umschauten, überall standen hohe Tannen und meterhoher Schnee verhinderte das Weiterlaufen. Sie hatten sich verirrt und fürchteten sich sehr. Unter einer alten Eiche entdeckten sie eine kleine Erdhöhle. Schnell krochen sie hinein und wollten dort die Nacht abwarten. In der Dunkelheit war es zu gefährlich, den Heimweg zu suchen. Es musste Mitternacht geworden sein, der Sturm hatte sich verzogen, da erwachte Sarah. Aus der Ferne vernahm sie einen lieblichen Gesang. Schnell weckte sie ihre Schwester Silva. Einige Zeit lauschten sie den wunderschönen Weihnachtsliedern. Doch dann beschlossen sie, der Sache auf den Grund zu gehen. Vielleicht waren dort Menschen, die Ihnen helfen konnten. Noch ziemlich müde brachen die beiden auf. Es war beschwerlich, durch den tiefen Schnee zu waten. Immer wieder fielen sie in den hohen Schnee. Keine Ahnung, wie lange sie so unterwegs waren. Jedenfalls fiel plötzlich ein Lichtschein durch das dicke Gestrüpp. Und dann sahen sie es – mitten im Schnee stand ein hell erleuchteter Weihnachtsbaum. Er war festlich geschmückt und seine aufgesteckten Kerzen verbreiteten Licht und Wärme. Sprachlos standen die beiden Mädchen davor und betrachteten dieses Wunderwerk. Plötzlich ertönte erneut der Gesang. Es war, als sänge das Bäumchen selbst. Die schönsten Weihnachtslieder erklangen und die beiden setzten sich in den Schnee und schliefen ein. Am nächsten Morgen wurden sie von einer rauen Männerstimme geweckt. Es war der Vater, der ebenfalls die ganze Nacht nach den beiden Mädchen gesucht hatte. Auch er hatte den eigenartigen Gesang gehört und war ihm bis hierher gefolgt. Hier, unter dem leuchtenden Weihnachtsbaum fand er endlich seine friedlich schlummernden Töchter wieder. Glücklich hielt er die beiden fest im Arm und musste weinen. Der Baum hatte sie wieder zusammengeführt. Der Vater kniete im Schnee und betete und alle wussten, jetzt ist Weihnachten.

Ein kleines bisschen Weihnachten
Für Mama und Papa

Mein Weihnachtswunsch soll zu Euch ziehen
An Weihnachten
So soll es sein
Von Euch ist so viel hiergeblieben
Hab ein Gedicht für Euch geschrieben
Wohl wiegts viel schwerer als manch' Stein

Er fliegt bis zu den hellsten Sternen
Ins Nirgendwo
Ins All
Weit fort
Er fliegt bis zu den fernsten Fernen
Er soll manch' kalte Welt erwärmen
Ein Gruß von mir
Zu Eurem Ort

Ein kleines bisschen Weihnachtsliebe
Mehr hab ich nicht
Vergesst mich nicht
Und wenn ich dereinst zu Euch ziehe
Dann will ich nicht
Dass ich erfriere
Dann brennt für uns das schönste Licht

Mein Weihnachtstraum soll zu Euch fliegen
An Heiligabend
Weit ins All
Hab diesen Vers für Euch geschrieben
Er sagt, dass wir uns ewig lieben
Ein bisschen Weihnacht
Allemal